प्रेरणा की कविता

प्रेरणा दर्जी

Copyright © Prerna Darji
All Rights Reserved.

This book has been self-published with all reasonable efforts taken to make the material error-free by the author. No part of this book shall be used, reproduced in any manner whatsoever without written permission from the author, except in the case of brief quotations embodied in critical articles and reviews.

The Author of this book is solely responsible and liable for its content including but not limited to the views, representations, descriptions, statements, information, opinions and references ["Content"]. The Content of this book shall not constitute or be construed or deemed to reflect the opinion or expression of the Publisher or Editor. Neither the Publisher nor Editor endorse or approve the Content of this book or guarantee the reliability, accuracy or completeness of the Content published herein and do not make any representations or warranties of any kind, express or implied, including but not limited to the implied warranties of merchantability, fitness for a particular purpose. The Publisher and Editor shall not be liable whatsoever for any errors, omissions, whether such errors or omissions result from negligence, accident, or any other cause or claims for loss or damages of any kind, including without limitation, indirect or consequential loss or damage arising out of use, inability to use, or about the reliability, accuracy or sufficiency of the information contained in this book.

Made with ♥ on the Notion Press Platform
www.notionpress.com

क्रम-सूची

क्रम-सूची

क्रम-सूची

24. आखरी खत 40

प्रस्तावना

यह कविताएँ मेरे जीवन में महत्वपूर्ण हैं क्योंकि मैंने ये कविताएँ तब लिखना शुरू की थीं जब मुझे नहीं पता था कि मुझे अपने जीवन में क्या करना है। आशा है कि आप सभी इन कविताओं को अपने आप से जोड़ पाएंगे।

1. सपना

कितना अच्छा लगता होगा,
जब सपना पूरा होता होगा।
कितना सुकून मिलता होगा,
जब सपना पूरा होता होगा।

देखें है लोगों के आंखों में आंसू
जब सपना पूरा हुआ था उनका

कैसा लगता होगा सोचूं मैं
जब सपना पूरा होता होगा

कितनी रातों के बाद वो एक सवेरा आया होगा
उस सवेरे में जैसे जादू सा छाया होगा
शायद यकीन भी ना होता होगा कि सच में
सपना पूरा हुआ है या फिर ये भी एक सपना है?

किसीका सपना जब पूरा होता है तो
दिल मेरा भी खुशी से भर आता है
शायद जानती हूं मैं कीमत उसकी

शायद जानती हूं मैं कीमत
सपने पूरे ना होने कि....

इसलिए अक्सर ख्याल आता है कि

कितना अच्छा लगता होगा,
जब सपना पूरा होता होगा।
कितना सुकून मिलता होगा,
जब सपना पूरा होता होगा।

2. सफर

सफर है तेरा सफर से जुड़ा
सफर में चलते जाना है।

सफर में लाख मुश्किलें आये पर
तुझे सफर में चलते जाना है।

सफर में तु डरना नहीं, रूकना नहीं, झुकना नहीं
मंजिल तक पहुंचना है, क्योंकि...
सफर है तेरा सफर से जुड़ा
सफर में चलते जाना है।

सफर में कहीं हमसफ़र मिल जाना है
सफर में कहीं हमसफ़र छूट जाना है
सफर में कहीं तु पत्थर सा बन जाना है
सफर में कहीं तु मोम सा पिगल जाना है
सफर है तेरा सफर से जुड़ा
सफर में चलते जाना है।

सफर तेरा आसान ना होगा
कांटों सा ज़हान होगा
आंसू सी बरसात होगी
और हार से तेरी जीत होगी
क्योंकि.....
सफर है तेरा सफर से जुड़ा
सफर में चलते जाना है।

3. भीड़ का हिस्सा

ना बना मुझे उस भीड़ का हिस्सा
बनाना है जो मुझे खुद का ही किस्सा।

ना भेज मुझे उस भीड़ के अंदर
घूटन सा महसूस जाने क्यों होता है।

उन लोगों की छोटी सी सोच के बिच
बेगाना सा मुझको जाने क्यों लगता है।

उस भीड़ में हंसते है लोग मुझपे
निकल गया कुछ सच जो मुंह से।

उस भीड़ में मुझको डर सा लगता है
कहीं खो ना दूं मैं खूद का ही किस्सा।

मत रोक मुझे मेरी सोच से
मत रोक मुझे कुछ कहेने से।

मैं नहीं तेरी सोच का हिस्सा
मैं हूं बस अपना ही किस्सा।

खामोशियों की जंजीरों में बंधी पड़ी हूं
कुछ कहेना भी गवारा नहीं यहां।

हर हद तोड कर बनाउंगी खुद का किस्सा
किसी और के जीने की बनु मैं प्रेरणा यही है मेरा किस्सा।

ना बना मुझे उस भीड़ का हिस्सा
बनाना है जो मुझे खुद का ही किस्सा।

4. आखिर ये सच क्या है?

आखिर ये सच क्या है?
वो जो तुमने देखा? या वो जो मैंने देखा?
या फिर वो जो कभी किसी को दिखा ही नहीं!

आखिर ये सच क्या है?

वो जो घूंघट कि चिख में दब गया..? या फिर वो
जो खूलेआम चिखती आवाज बन गया...?
वो जो तुम्हें कसमों में कह गया..? या फिर वो
जो खामोशी में पूरी जिंदगी रहे गया..?

वो मुझसे तेरा मिलना...? या
वो तेरा मुझसे बिछड़ना..?
वो जो संपना बनके बह गया...? या फिर वो
जो सिर्फ जिम्मेदारीयों में रहे गया...?

इन चिखती चिल्लाती आवाजों का जूनून..?
या फिर खामोशी में लिपटा हुआ सुकुन...?
वो जो खुद से खुद को मिलने का सफर...? या
फिर वो जो खुद ही खुद को खोने का सफर...?

आखिर ये सच क्या है...?
वो जो तुमने देखा? या वो जो मैंने देखा?
या फिर वो जो कभी किसी को दिखा ही नहीं!

आखिर ये सच क्या है?

5. छोटी सी पहचान मेरी

छोटी सी है बात मेरी
छोटी सी पहचान मेरी

मैं खेत की छोटी चिड़िया नहीं
मैं बाज की उड़ान हूं...
मैं तालाब का पानी नहीं
मैं समुद्र की लहर हूं...
मैं अंधेरों सा खौफ नहीं
मैं रोशनी सी मशाल हूं...

छोटी सी है बात मेरी
छोटी सी पहचान मेरी

मैं तेरे प्यार का श्रृंगार नहीं
मैं अपने होने का अभिमान हूं...
मैं घूंघट में छुपी चीख नहीं
मैं भीड़ में चलती ख़ामोशी हूं...
मैं हर बात की हां नहीं
मैं हर ना का जज़्बात हूं...

छोटी सी है बात मेरी
छोटी सी पहचान मेरी

मैं बूझी हुई राख नहीं
मैं बरसों से जलती आग हूं...
मैं खुद में उलझी हुई
खुद से है सुलझी हूं...
मैं मोत का डर नहीं
मैं जीने की नई प्रेरणा हूं...

छोटी सी है बात मेरी
छोटी सी पहचान मेरी

6. कुछ दर्द

कुछ दर्द तुम में है, कुछ दर्द मुझ में भी है।
ये दर्द जिंदगी ने सबको ही बांटे है।

ना कर गीला इस दर्द का जिंदगी ने मौके सबको ही बांटे
है।
ना कर गीला तु वो होने का जो तु हो ना सका,
जिंदगी में मौके सबने खोये है।
ना हार तु बस चलता जा तु,
जिंदगी के रास्ते आज भी खुले है।

कुछ दर्द तुम में है, कुछ दर्द मुझ में भी है।
ये दर्द जिंदगी ने सबको ही बांटे है।

7. मुझे डर लगता है।

हां मुझे डर लगता है।
और ये कहने में नहीं लगता कि
हां मुझे डर लगता है।

शीशे के सामने बहोत कहानियां बतलाती हूं
पर चार लोगों के सामने वही कहानी दौहराने में
डर लगता है।
जानती हूं बहोत कुछ कर सकती हूं
पर सपना टूट जाने का डर लगता है।

वैसे तो सारे सवालों के जवाब है
पर जब कोई ऊंची आवाज में पूछता है
तो डर लगता है।
बहोत अच्छा लिखती हो तुम ये सुन कर बहोत अच्छा
लगता है, पर लोगों के बीच में बोलने से डर लगता है।

बस अच्छा लगता है खुदकी *imagination* में रहना
क्योंकि हकीकत से डर लगता है।

मुस्कुराहट हर रोज रखती हूं चहेरे पे
कोई पहेचान ना ले दर्द इस बात का डर लगता है।

कब कैसे ये दर्द समाया मुझमें जवाब है मेरे पास
पर वो पल दौहराने में डर लगता है।
शिकायतें और तानों की तो आदत हो गई है
अब तो बस प्रेरणा से डर लगता है।

दुआ में मांगू के ऐसा डर ना किसीको लगे
बस में तो खुद से डरती हूं।

हां मुझे डर लगता है।
और ये कहने में नहीं लगता कि
हां मुझे डर लगता है।

8. प्यार करते हो किसी से

किसी ने पूछा हमसे प्यार करते हो किसी से,
हमने भी बड़े गर्व के साथ कहा हांजी करते हैं खुदी से।

हम तो खुदी से प्यार करने वाले हमें कौन प्यार करेगा
और हम क्या किसीको प्यार करेंगे?

लेकिन एक सच बात कहूं तो...
हलक से तेरा नाम ना निकला

और बताते भी क्या किसीको
कि किस कदर तूने ना कहा था

किस कदर तूने तिरस्कार किया था
किस कदर तूने समझ के ना समझा था
किस कदर तूने इंतजार करवाया था

और किस कदर तुने कदर ना की थी

बड़े बरसों तक तुझे मनाने कि कोशिश कि थी
पर किस कदर तुने कदर ना की थी

इसलिए...जब
पूछा किसी ने हमसे प्यार करते हो किसी से
हमने भी बड़े गर्व के साथ कहा हांजी करते हैं खुदी से।

9. नहीं करते।

जो जा रहा है उसे जाने दो
ऐसे उड़ते पंछी को रोका नहीं करते।

फुरसत मिल जाए तो खुदसे मिलना तुम
यूं बार बार लोगो के लिए टूटा नहीं करते।

बीते हुए कल की तस्वीर देख रहे हो
यूं अपने आज की कहानी छोड़ा नहीं करते।

ये तो वक्त वक्त की बात है
यूं छोटी छोटी बातों पर रोया नहीं करते।

जिन चेहरों पर हंसी छलकती है
उनकी आंखों से दर्द पूछा नहीं करते।

ये जो मंजिल के इंतजार में हो तुम पर
यूं रास्तों की हवाओं से मुंह मोड़ा नहीं करते।

ये जो तुम बार बार टूटे रिश्तों को जोड़ने में लगे होना
लेकिन ऐसे अपने आत्मसम्मान को तोड़ा नहीं करते।

ये जो पल पल डरते रहते हो तुम
यूं अपनी जीने की प्रेरणा को भूला नहीं करते।

10. तु मुझे याद आज भी है

तु मुझे याद आज भी है

नाम नहीं था रिश्ते का कुछ
पर बेनाम रिश्ता आज भी है

नफरत जो तेरी बेहद थी मुझसे
उस नफरत पर गुरुर मुझे आज भी है

कुछ यादों से ज्यादा मेरी आदतों
में तू जिंदा आज भी है

बहोत दूर था तू मुझसे
पर वक्त बेवक्त से पास तू आज भी है

लाखों मिलते है तुमसे बेहतर मुझे
पर उस बेहतर में ढूंढा तुम्हें आज भी है

कुछ वक्त था जो गुजर गया
कुछ राज तेरे मुझ में आज भी है

अब तू मेरी किस्से - कहानियों में नहीं
पर तू मेरा हिस्सा आज भी है

तू मुझे याद आज भी है।

11. खोने लगे।

कुछ जिम्मेदारियों में खुद की पहेचान खोने लगी,
हंसते-खिलखिलाते चेहरे पे परेशानियां छाने लगी।

रिश्तों ने साथ छोड़ दिया, रिश्तों ने मुंह मोड़ लिया,
पहेचान थी जो खो गई मिलने की उम्मीद में।

रूठना जो चाहा, हंस कर आगे बढ़ गये,
हंसना जो चाहा,आंसु बन पिगल गये।

रोना जो चाहा, खुद से ही बस लड गये,
लड़ना जो चाहा, ख़ामोशी में ठेहर गये।

जज़्बात खाली जो भर ना सके,
दर्द के ज़ख्म भर ना सके।

खुद को पूरा हम कर ना सके,
पहेचान वापस ला ना सके।

बस खुद को ढूंढने की राह में
खुद को ही खोने लगे।

12. समंदर की लहरें

समंदर के किनारे खड़ी थी,
लहरें आई और पूछ रही हो जैसे,
जिना क्यों छोड़ दिया तुमने?
ख़ामोशी मुझको गैर गई...,
चली गई लहरें...कुछ देर बाद
फिर वापस आई कुछ कहने को जैसे,
जो बीत गया उसे जाने दो,
जो छूट गया उसे छूटने दो।
वो वक़्त था जो बीत गया,
साथ बहुत कुछ ले गया।
ख़ामोशी को खुद से दूर कर दो,
खुद को इन जंजीरों से आजाद कर दो।
खुद को जीने की नई प्रेरणा दे दो,
खुद को जीने की नई वजह दे दो।

13. कुछ लिखूं तेरे बारे

कुछ लिखूं तेरे बारे में या,
यूंही छोड़ दूं किताब कोरी।

जो तु किस्सा तो है मेरा पर,
कभी हिस्सा ना बन सका।

जो बातों में तु रेह गया पर,
कभी बातें ना कर सका।

जो तु यादों में तो है पर,
कभी यादें ना बन सका।

कुछ लिखूं तेरे बारे में या,
यूंही छोड़ दूं किताब कोरी।

14. बस की आवाज के बीच

बस की घूर घूरराती आवाज के बीच
एक बहोत बड़ा सन्नाटा था।

किसीके सपने खिड़की के बहार चिल्ला रहे थे,
तो कोई बरसों से अपनी घूंघट में छिपा के बैठा था।

कोई फोन पे मां से "hmm" "हां मां" कह कर ही बात
कर रहा था, तो किसी की बरसों से अपने पिता से बात
नहीं हुई।

बस की घूर घूरराती आवाज के बीच
एक बहोत बड़ा सन्नाटा था।

Earphones के गानों के बिच कहीं हसीन Imagination
पल रही थी, तो कोई बस अपने आंसू को रोक के बैठा
था।

कोई अपनी मंजिल का बेसब्री से इंतजार कर रहा था,
तभी कोई चाहता था कि ये रास्ता उस मंजिल तक जाये
ही ना।

बस की घूर घूरराती आवाज के बीच
एक बहोत बड़ा सन्नाटा था।

किसी की आंखों में डर था कुछ ना कर पाने का,
तो कोई आज भी निडर खड़ा था।

किसी को अपने होने पर शर्म थी,
तो कोई अपने ही घमंड में था।

बस की घूर घूरराती आवाज के बीच
एक बहोत बड़ा सन्नाटा था।

15. मेरा एक ख्वाब

मुझमें बसा मेरा एक ख्वाब है।
जो ना मुझसे जुड़ा है और
नहीं मुझसे जुदा है।

वो तो बस खौफसदा है
ना वो निखरता है और ना ही वो मरता है
वो तो बस मुझमें आज भी जिंदा है...

ना उसका कोई सहारा है ना कोई वजूद
फिर क्यों है वो जिंदा..?
क्या जरूरत है उसे जिंदा रहने की...?

ना वो इन सवालों के जवाब देता है
ना ही वो खुद कुछ कर पाता है
वो तो बस मजबूरी के बोझ के तले दबा पड़ा है।

मुझमें बसा मेरा एक ख्वाब है।
जो ना मुझसे जुडा है और
नहीं मुझसे जुदा है।

16. मैं तुम्हें समझती हूं।

तुम कहते हो कि मैं तुम्हें समझती नहीं

तो सुनो...

तुम अपने दिल की बात बयान नहीं कर पाते
लेकिन तुम्हारी खामोशी... मैं समझती हूं।

तुम कहते हो कि तुम ठीक हो,
लेकिन तुम्हारे पुराने जख्म अब तक
नहीं भरे... ये मैं समझती हूं।

तुम आज जैसे हो वैसे क्यूं हो
ये तुम्हें जताने की जरूरत नहीं
क्योंकि... वो मैं समझती हूं।

चलो माना कि तुमने धोखे ज्यादा खाए
लेकिन तुम्हारी कोशिश को मैं समझती हूं।

जानती हूं कि मोहब्बत के दरमियां अल्फाजों की
जरूरत नहीं होती... लेकिन फिर भी मैं तुम्हें लफ्जों
में बयान करना चाहती हूं... कि मैं तुम्हें समझती हूं।

कुछ तो खास है तुममें जो मुझे
यूं जोड़े रखता है...
तुम ऐसे ही कह दोगे
चली जाओ तो ये मैं
कैसे समझूं...?

लेकिन हां मैं तुम्हें समझती हूं।

17. क्या फर्क पड़ता है?

आखिर क्या फर्क पड़ता है?
तुम हजारों बहाने बना लो मुझसे दूर रहने के
मैं हूं खुदके साथ.... तुम रहो या ना रहो
आखिर क्या फर्क पड़ता है?
हां मैंने कहा था कि मेरा साथ मत छोड़ना
मैं बिखर जाऊंगी...
लेकिन अब मैंने खुदको समेटना सिख लिया है
तो तुम रहो या ना रहो...
आखिर क्या फर्क पड़ता है?
हां मैंने चाहा था कि कोई मुझे इतना ना तोड़ दे
की मैं खुदको संभाल ही ना पाऊं
लेकिन अब मैंने दर्द के साथ जीना सीख लिया है
तो तुम रहो या ना रहो...
आखिर क्या फर्क पड़ता है?
तो सुनो मैंने ये भी सोचा था कि
कभी भी ऐसी महोबत नहीं करूंगी
जो कुछ वक्त में ही धुंधला जाए
लेकिन अब जो मैंने खुदसे महोबत करली है
तो तुम रहो या ना रहो...
आखिर क्या फर्क पड़ता है?

18. किस से जाके पूछूं?

बहोत सारे सवाल है मन में
किस से जाके पूछूं?

हर राह किसी मंजिल पर लेकर
जाती भी है या नहीं...
किस से जाके पूछूं?

जो समझने का दावा करते है
वो क्यूं सच में समझ ही नहीं पाते...
किस से जाके पूछूं?

कर लूं अब ऐसे ही भरोसा किसी पर भी या
संभाल के रखूं इन टुकड़ों जो बिखरे पड़े है
किस से जाके पूछूं?

डरती रहूं इस दुनिया से
या बेखौफ बन जाऊं जो बन ना है...
किस से जाके पूछूं?

वो अपने है कहने वालों का
अपनापन महसूस क्यूं नहीं होता...
किस से जाके पूछूं?

इतना जूठ सुना है कि अब
किसका सच सच क्यूं नहीं लगता...
किस से जाके पूछूं?

खुदका साथ निभालूं या ज़िंदगी भर
जूठे रिश्तों को निभा कर खोखला कर दूं...
किस से जाके पूछूं?

एक टूटा हुआ तारा... क्या वापस
से जुड कर अपनी जगह बना सकता है...
किस से जाके पूछूं?

ढूंढ लूं कोई एक सपना अपना सा या
पूरी ज़िंदगी प्रेरणा ढूंढने में गुजार दूं...
किस से जाके पूछूं?

19. वो सिर्फ़ मैं नहीं

वो बड़ी सी हंसी में बहोत सारे दर्द छुपाये
चलती रहती हर वक़्त एक अनजान सी राह पे
ढूंढ़ती रहेती हर वक़्त खुदको
पर मिलता एक नया डर था उसको
जिंदगी को खुलके जीना सीखाती थी सबको
पर खुद जैसे जिंदगी ख़ोज रही थी खुद में वो
हसती हसाती सबको, दरवाजा बंद कर के रोती थी वो
हर वक़्त दूसरों से ज्यादा खुदको खोजती थी वो
बहोत कुछ कहना था, चिल्लाना था
उस हर शख्स पर जिसने सिर्फ डर और ताने दिये थे
पर पता नहीं अपनी खामोशियों को ही क्यों अपना दोस्त बनाया था
लड़ना था, झगड़ना था, पर बस छुपाके अपने आंसू चूप हो जाती थी
ना जाने क्या खाया करता था अंदर ही अंदर उसको
खुद को ना जाने किस जाल में पाया करती थी
लेकर दिल में डर वो निडर चला करती थी
वो सिर्फ़ मैं नहीं बहोत सी मैं थी।

20. इश्क करने दोगे क्या?

सुनो...

तुम मुझे तुमसे इश्क करने दोगे क्या?
तुम्हारे जख्मों का मरहम बन ने दोगे क्या..?

खुद की कहानी तो मैं लिख ही रही हूं
पर तुम्हारी कहानी का एक हिस्सा बन ना चाहती हूं...

तुम नहीं जानते खुद को उस से कई
ज्यादा तुमको जान ना चाहती हूं...

ये बेफिजूल की छुवन वाला नहीं मैं
तुमसे रूह वाला इश्क करना चाहती हूं...

तुम्हारे कहे गए शब्दों से नहीं
मैं तुम्हारी खामोशी से इश्क करना चाहती हूं...

तुम छुपा ना सको ऐसा एक तुम्हरा
राज बन ना चाहती हूं...

मैं जानती हूं कि इश्क को कभी मांगा नहीं जाता
मगर फ़िर भी अगर इज्जत मिल जाए तुमसे
तो मैं तुमसे इश्क करना चाहती हूं...

सुनो...

तुम मुझे तुमसे इश्क करने दोगे क्या?
तुम्हारे जख्मों का मरहम बन ने दोगे क्या..?

21. कुछ पल

कुछ पल के प्यार का था वो कारवां...

कुछ पल जो ठहरे थे तुम
कुछ पल में बिखरे थे हम
कुछ पल कि थी वो खुशियां
कुछ पल के थे वो गम
कुछ पल के प्यार का था वो कारवां...

कुछ पल में नजरे यूं मिलाना
कुछ पल में नजरे यूं चुराना
कुछ पल में जुड गए तुम
कुछ पल में टूट गए हम
कुछ पल के प्यार का था वो कारवां...

कुछ पल का जगड़ना तुम्हरा
कुछ पल का रुठ जाना हमारा
कुछ पल के थे जज्बात तुम्हारे
कुछ पल कि थी नफरत हमारी
कुछ पल के प्यार का था वो कारवां...

22. रिश्ते

रिश्ते बड़े ही नाजूक होते है
पल भर में ही टूट जाते है
कभी कुछ कहने से
कभी कुछ भी ना कहने से
कभी कुछ करने से
कभी कुछ भी ना करने से

संभाल के रखा है आज भी
उन यादों को... और कैसे
टूटा ये रिश्ता उन बातों को...

आज भी वो रिश्ता दिल के
किसी कोने में महफूज पड़ा है...
बस थोडी सी ही ना समझ की
धूल चढ़ गई है...

गलती मेरी नहीं तुम्हारी थी...
नहीं समझ पाए थे तुम मुझे
थोडा सा मैंने भी तो नहीं
समझा था उस रिश्ते को

ये बात हर रोज दिल
दुखती है...।

रिश्ते बड़े ही नाजूक होते है
पल भर में ही टूट जाते है
कभी कुछ कहने से
कभी कुछ भी ना कहने से
कभी कुछ करने से
कभी कुछ भी ना करने से

23. कुछ बातों के जज़्बात

कुछ बातों के जज़्बात नहीं होते
कुछ जज़्बातों की बातें नहीं होती।
कुछ हंसी में खुशी नहीं होती
कुछ दर्द यूंही हंसी में छलकते है।
कुछ आंसुओं में दर्द नहीं होता
कुछ दर्द आंसु छुपाये बैठे हैं।
कुछ लफ़्ज़ों की बातें सच नहीं होती
कुछ आंखें बिन कहे सच केह जाती है।
कुछ बातों के जज़्बात नहीं होते
कुछ जज़्बातों की बातें नहीं होती।

24. आखरी खत

एक आखरी खत जो तुम्हें लिखना रहे गया था।

की तुम जाना चाहते हो और
तुम्हारे जाने को मैं रोक नहीं पाउंगी।

मन तो बहुत करेगा कि रोक लूं इस पल को
पर फिर भी मैं रोक नहीं पाउंगी।

आंसू आएंगे, दर्द बहुत होगा
पर तुम्हारे जानें का अहसास दूर नहीं कर पाउंगी।

खुदसे मिलना अब कम हो जाएगा
तुम्हारी यादों का डेरा जो जम जाएगा।

सबके सामने लबों पर हंसी रख लूंगी
पर अंदर ही अंदर में सबसे दूर चली जाउंगी।

अकेलेपन को गले जो लगाउंगी
तुम्हारे ना होने का अहसास फिर से जगाऊंगी।

कोशिश करूंगी अपने आप समेटने की
तुम्हारी एक याद मुझे फिर से बिखेर देगी।

कुछ सालों में मैं तुमको भूला भी दूंगी
पर उस अहसास को मिटा ना पाउंगी।

आखिर में मैं खुदको बेहतर बना ही लूँगी
बस तुम वापस ना आने का एक आखरी एहसान कर देना।

एक आखरी खत जो तुम्हें लिखना रहे गया था।

www.ingramcontent.com/pod-product-compliance
Lightning Source LLC
Chambersburg PA
CBHW021147130726
47988CB00004B/1494